ESSAI

SUR LES

ANTÉCÉDENTS HISTORIQUES

DE LA QUESTION ALLEMANDE

PAR

ALFRED LEROUX

PARIS

ALPHONSE PICARD, Libraire de l'École des Chartes

82, RUE BONAPARTE, 82

1886

ESSAI

SUR LES

ANTÉCÉDENTS HISTORIQUES

DE LA QUESTION ALLEMANDE

PAR

ALFRED LEROUX

PARIS

ALPHONSE PICARD, Libraire de l'École des Chartes

82, RUE BONAPARTE, 82

1886

AVANT-PROPOS

Quand Jules Favre, à son retour de Ferrières, fit connaître au pays les conditions que le vainqueur mettait à la paix, publicistes et journalistes répétèrent à l'envi que les Allemands poursuivaient la revanche des victoires de Napoléon I, sans lesquelles les deux peuples fussent restés amis. Les plus instruits, se souvenant que les luttes entre la France et la maison d'Autriche occupent déjà une grande place dans l'histoire des trois derniers siècles, faisaient remonter jusqu'à François I l'origine du conflit. D'aucuns se rappelaient peut-être même le mot attribué à Louis XV visitant à Bruges le tombeau de Marie de Bourgogne: « Voilà le berceau de toutes nos guerres depuis près de trois cents ans. »

Publicistes et journalistes avaient raison, à cela près que nul ne songeait à interroger le moyen-âge pour lui demander si d'aventure il ne donnerait point l'explication vraie de la rivalité franco-allemande. C'est pourtant dans les profondeurs de l'époque féodale qu'il faut chercher le secret de cette rivalité. Nous espérons le démontrer ici en esquissant simplement les lignes générales d'un sujet que nous comptons traiter un jour avec toute l'ampleur qu'il comporte. Tant de points restent encore obscurs qu'il serait prématuré de tenter dès maintenant une œuvre d'ensemble.

Parmi les travaux récents qui intéressent notre sujet, nous avons tiré profit des suivants :

Scheffer-Boichorst, *Deutschland und Philipp II August von Frankreich*. In-8. 1868.

Joh. Heller, *Deutschland und Frankreich in ihren politischen Beziehungen, 1272-1291*. In-8. 1874.

Bergengruen, *Die politischen Beziehungen Deutschlands zu Frankreich wœhrend der Regierung Adolf's von Nassau*. In-8. 1884.

Alf. Leroux, *Recherches critiques sur les relations politiques de la France avec l'Allemagne, 1292-1378*. In-8. 1882.

Alf. Leroux, *Nouvelles recherches critiques... 1378-1493* (En préparation.)

Aug. Himly, *Histoire de la formation territoriale des Etats de l'Europe centrale*. T. II, in-8. 1876.

*** *Histoire littéraire de la France*. T. XXII et XXIV.

A. L.

Vienne s. D., mars 1886.

ESSAI

SUR LES ANTÉCÉDENTS HISTORIQUES

DE LA QUESTION ALLEMANDE

(843 — 1493)

I

Les conflits politiques

Il y a un peu plus de mille ans, en 843, un traité
se concluait à Verdun pour le partage de l'empire
franc entre les petits-fils de Charlemagne. Ce traité
attribuait à Louis la Germanie proprement dite sur
la rive droite du Rhin; à Charles le Chauve les pays
romans situés à l'ouest de la Meuse, de la Saône et
du Rhône; à Lothaire les populations échelonnées
entre ces deux royaumes. Ce premier partage fut
cependant annulé par celui de Mersen, 870, qui fixait
en fait les frontières des deux royaumes de France
et Germanie aux frontières mêmes, ou peu s'en
faut, des deux langues allemande et française. Le
rétablissement de l'unité carolingienne par l'avènement de Charles le Gros supprima pour quelque

temps toutes ces démarcations politiques. Elles ne reprirent force que quatre ans plus tard, à la déposition de l'empereur, 888. La France et l'Allemagne commencent dès lors véritablement chacune sa destinée.

Ce sont là trois dates considérables dans l'histoire de l'Europe centrale, puisqu'elles marquent les étapes successives d'un mouvement qui aboutit à la séparation de deux grandes races et à la ruine des persévérants efforts tentés pendant trois siècles pour les faire vivre sous un même sceptre. Il y eut bien quelques résistances opposées par les petits-fils de Charlemagne à ce déchirement politique de l'empire carolingien : leurs *confraternités* en sont la preuve. Mais il y eut aussi des efforts en sens contraire, et ce sont ceux-ci qui finalement prévalurent.

Moins de quinze ans après le traité de Verdun, le royaume de Charles le Chauve, que l'on peut bien appeler dès lors le royaume de France, subissait une première invasion des gens de guerre allemands, sous la conduite de Louis le Germanique. D'autres suivirent : on n'en comptè pas moins de huit entre les années 858-978. Par contre, les Carolingiens de France ne réussirent jamais à faire franchir le Rhin aux troupes qu'ils menèrent à cinq reprises dans la Lotharingie allemande, pendant cette même période. Ils se bornèrent à des démonstrations d'hostilité qui n'avaient rien de bien redoutable pour leurs voisins. Quant aux traités que les derniers Carolingiens conclurent avec les rois de Germanie au cours du Xe siècle, ils tournèrent toujours au profit de ces derniers.

Toutefois, au x° siècle, il n'y avait guère en jeu que les intérêts opposés de dynasties rivales. L'opposition cesse par la mort de Louis le Fainéant. Les ducs de France qui, comme adversaires des Carolingiens, avaient plus d'une fois fait alliance avec les empereurs allemands et reconnu leur suprématie féodale, ces ducs de France arrivés à la royauté se détachent peu à peu de leur suzerain et trouvent leur indépendance dans leur faiblesse même et leur inaction. Henri le Pieux et Philippe I, son fils, laissent aux successeurs d'Otton le Grand toute liberté pour fonder leur domination sur l'Europe centrale et poussent même l'inertie jusqu'à refuser leur aide aux dynastes des Pays-Bas dans leur grande lutte contre l'Empire.

La rivalité politique de la France et de l'Allemagne ne commence à poindre qu'avec le xiiᵉ siècle, lorsque la dynastie capétienne représentée par Louis le Gros prend conscience d'elle-même, de ses droits et de sa force. La première période de la lutte du Sacerdoce et de l'Empire est marquée par les conciles de Troyes, 1107, de Vienne, 1112, et de Reims, 1115. C'est assez dire que les papes prirent leur point d'appui en France, ouvertement soutenus par le fils de Philippe I. La guerre que le jeune prince préparait alors contre l'Allemagne semble même avoir été populaire dans quelques provinces, à voir le nombre des soldats qui accoururent à Reims sous la bannière royale. En tout cas, l'opposition des rôles est ici manifeste : elle va bientôt s'accentuer davantage.

Si Conrad III et Louis le Jeune firent en commun la seconde croisade, ils n'en furent pas plus amis au retour. Ces grandes manifestations de la croyance religieuse de l'Europe avaient du reste plus d'une fois mis en lumière les sentiments de jalousie que nourrissaient déjà les deux peuples et leurs chefs.

Mais il faut arriver au règne de Philippe-Auguste pour entrer pleinement dans le sujet qui nous occupe. La politique de ce roi à l'égard de l'Allemagne resta hésitante jusqu'en 1188. Philippe II ne prit position vis-à-vis de son voisin que lorsque la menace de l'Anglais l'eut obligé de chercher le secours d'un allié puissant. Alors se trouva constitué un système d'équilibre politique qui prévalut quelque temps en Europe : les Hohenstaufen et le roi de France, d'un côté; les opposants allemands et l'Angleterre, de l'autre. Quant au pape il favorise tour à tour chacun des deux partis, suivant les besoins de sa politique. Ce système persiste encore sous Henri VI malgré bien des dissentiments dont Richard Cœur de Lion est la cause. A la mort de l'empereur, Philippe-Auguste prend parti pour Philippe de Souabe contre Otton de Brunswick, c'est à dire contre le pape et les Guelfes. Quand meurt Philippe de Souabe, il s'empresse de chercher un nouveau compétiteur à Otton. Il jette d'abord les yeux sur Henri de Brabant, duc de Basse-Lorraine; puis, le trouvant inférieur à la tâche, sur Frédéric de Souabe, fils d'Henri VI, qui devait être plus tard Frédéric II. Il y avait bien quelque imprudence à vouloir ainsi tenir tête aux partisans d'Otton, et Philippe - Auguste le reconnaissait lui-même quand il répondait au pape qui l'invitait à se croiser : « J'ai aux flancs deux grands et terribles lions, l'empereur Otton et le roi Jean. Ainsi ne puis-je sortir de France. » La bataille de Bouvines mit fin aux prétentions d'Otton et aux inquiétudes de Philippe-Auguste.

Ainsi, sans chercher autre chose que l'intérêt de son propre royaume, le petit-fils de Louis VI était amené à prendre parti pour l'empire contre le pape. Cette situation, à peu près unique dans l'histoire que nous étudions, ne dura guère, car le roi de France ne se fit point faute plus tard d'entretenir en Allemagne les divisions dont il profitait. Si le génie politique consiste à savoir affaiblir ses voisins pour être fort de leur faiblesse, Philippe II fut déjà un roi de génie.

La France n'avait point été mêlée à la seconde période de la lutte du Sacerdoce contre l'Empire. Durant la troisième, son rôle fut sans prépondérance. Louis IX ne voulut prendre parti pour aucun des deux adversaires, ou plutôt il les servit tour à tour l'un et l'autre, sans obéir à d'autres mobiles qu'aux suggestions d'un esprit de justice et d'équité. S'il refusa pour Robert d'Artois la couronne impériale que lui offrait le pape, il sut faire respecter par Frédéric II la liberté des prélats convoqués au concile de 1241 et il s'employa plus d'une fois à ménager entre le pape et l'empereur une transaction acceptable pour les deux puissances. Mais toute sa bonne volonté resta sans effet.

Le véritable continuateur de la politique offensive de Philippe-Auguste, ce fut le roi de Sicile, Charles d'Anjou qui, le premier chez nous, conçut l'idée d'une monarchie universelle dont le roi de France devenu empereur eût été la tête. Il ne s'agit donc plus

seulement, sous le règne de Philippe III, de maintenir l'indépendance du royaume de France vis à vis
de l'Empire; le roi médite maintenant de prendre
pour lui-même cette couronne de Charlemagne que
les grands électeurs mettent à l'encan. L'ambition des
Capétiens avait quelque peu grandi en un siècle. Elle
était encouragée d'ailleurs par la situation même de
l'Empire où depuis la mort de Frédéric II les barons
féodaux vivaient en pleine indépendance sans souci
de la patrie commune.

Charles d'Anjou fondait ses espérances sur les
cardinaux de la cour de Rome. Il croyait si bien
réussir avec leur aide qu'il négligeait de faire tra-
vailler les grands électeurs, desquels pourtant, en fin
de compte, dépendait l'élection. Les grands électeurs
firent leur office sans bruit, en choissant Rodolphe
de Habsbourg, 1273. De Charles d'Anjou et de son
candidat il ne fut plus question.

Philippe le Bel comprit mieux où devait se trouver
le point d'appui du roi de France contre l'empereur.
Au lieu de s'adresser au pape, il se tourna du côté
des grands électeurs et se fit le fauteur de leurs
intérêts particularistes contre les tendances plus ou
moins centralistes du chef nominal qu'ils élisaient
eux-mêmes. En traitant ainsi d'égal à égal avec eux,
le roi de France leur attribuait en fait dans le concert
des princes européens une individualité que Mazarin
devait leur faire reconnaître en droit aux traités de
Westphalie, sans vraissemblablement se douter qu'il
mettait le sceau à une politique trois fois séculaire.
Philippe le Bel est donc en réalité l'initiateur de la
tradition qui a prévalu chez nous vis-à-vis de l'Em-

pire jusque sous Napoléon. Les empereurs ne surent se défendre qu'en prenant parti pour les Anglais contre le roi de France. Dès la fin du XIIe siècle, on avait vu Henri VI donner au Cœur de Lion la suzeraineté des royaumes d'Arles et d'Aragon et favoriser en Allemagne une coalition redoutable dont le roi d'Angleterre était l'âme. Adolphe de Nassau suivit cet exemple. Il s'empressa de faire alliance avec Édouard et, fort de cet appui, osa porter défi au roi de France. Mais Adolphe de Nassau ne fut jamais pour Philippe le Bel une source d'embarras véritable. Le roi de France sut par deux fois l'amener à composition, lorsqu'il se sentit trop pressé par lui. Des grandes démonstrations militaires du roi des Romains, il résulta cependant un fait d'une certaine gravité : à deux reprises Édouard et Adolphe réussirent à former dans l'ancien royaume de Lothaire I une véritable ligue des petits barons de ce pays contre le roi de France, 1298. A peine Philippe put-il en retenir cinq ou six à son service.

Les agissements d'Adolphe avaient déterminé Philippe à lui susciter des ennemis au sein même de son empire. Le duc d'Autriche, Albert, fils de Rodolphe de Habsbourg, avait été gagné dès 1295, et ses intrigues ne laissèrent pas que d'inquiéter Adolphe de Nassau au moment même où le succès contre Philippe semblait le plus certain. Cette tactique fut reprise aux dépens d'Albert devenu roi des Romains par l'alliance conclue entre le roi de France et Wenceslas de Bohême, le compétiteur d'Albert en Hongrie.

Dans la grande lutte de Philippe le Bel contre

Boniface VIII, Albert d'Autriche fut pour le pape. Mais ce fut bien par la faute du roi de France qui, avec un peu plus de bonne foi, eût facilement retenu l'empereur dans son parti. Albert s'était souvenu en effet de son ancienne amitié pour Philippe et il avait tout fait pour la conserver. Les conférences de Quatre-Vaux, sur lesquelles nous reviendrons, avaient donné la mesure de son bon vouloir. Mais joué par Philippe le Bel, il ne tarda pas à se rapprocher de Boniface et les deux alliés chargèrent passionnément l'ennemi commun. Ces faits connus, on s'explique qu'à la mort d'Albert le roi de France ait demandé pour Charles de Valois, son frère, la couronne impériale : c'était prévenir le retour des dangers encourus. Mais à Charles de Valois les grands électeurs préfèrent le jeune comte Henri de Luxembourg. C'était encore une demi-victoire pour Philippe le Bel puisque le nouveau roi de Germanie, français par ses mœurs et par sa langue, n'eut rien de plus à cœur que de demeurer en paix avec son redoutable voisin.

Lorsque éclata la guerre de Cent ans un autre drame se jouait déjà en Europe entre Louis de Bavière et la cour d'Avignon. Philippe de Valois était trop fin politique pour ne point profiter des circonstances. Aidé de Jean de Bohême, il essaya d'abord de faire triompher la candidature d'Henri de Bavière qui, pour prix du succès, avait promis de reconnaître la suzeraineté du roi sur tout l'ancien royaume de Lothaire I. La tentative ayant échoué, Philippe ne songea plus qu'à empêcher la réconciliation de Louis avec le pape; il réussit mieux cette fois, mais ce fut pour voir l'empereur se jeter dans l'alliance anglaise. L'entrevue de Coblentz, que nous apprécierons tout à l'heure, marque la défaite du roi de France sur le terrain diplomatique.

Les deux adversaires se rapprochèrent toutefois lorsque la trêve d'Esplechin eut privé Louis de Bavière de l'appui d'Édouard. Néanmoins Philippe continua de faire obstacle sous main à l'accord du pape et de l'empereur. Cette politique peu scrupuleuse échauffa singulièrement les esprits en Allemagne et contribua à renforcer dans ce pays la haine du Welche.

On ne le vit que trop au succès des négociations que l'évêque de Lincoln poursuivait au profit d'Édouard dans les Pays-Bas et en Allemagne. L'évêque parvint à tourner contre le roi de France, dès le début de la guerre de Cent ans, presque tous les petits seigneurs allemands des pays rhénans. Sans la trêve d'Esplechin, ceux-ci eussent de très grand cœur fait campagne contre le roi de France. S'ils ne se retrouvèrent point à Crécy, c'est qu'Edouard, débarqué dans le Cotentin, fut rejoint par Philippe avant d'avoir pu donner la main à ses alliés des bords du Rhin. Philippe de Valois n'avait vu accourir à son aide que Jean de Bohême et son fils Charles de Moravie, roi élu des Romains.

Le règne de Charles V et de ses successeurs immédiats commence la suprématie pacifique de la politique française. De cette époque en effet datent les plus fructueux résultats du système inauguré par Philippe le Bel pour trouver en pays germanique

quelques alliés contre les chefs du Saint Empire [1].
De ce nombre furent les archevêques de Trêves et de
Cologne, ceux de Mayence quelquefois; les évêques
de Liège et de Verdun, les marquis de Nassau,
les ducs de Gueldre, les comtes de Clèves et de la
Mark, les Wittelsbach de Bavière et les cantons hel-
vétiques; plus loin encore les Wettin de Saxe et, à
plusieurs reprises, les ducs d'Autriche de la maison
de Habsbourg. Au commencement du xv⁰ siècle,
quelques-uns d'entre eux, non les moins puissants,
se glorifient d'être appelés vassaux du roi de France!
Louis le Barbu, duc de Bavière-Ingolstadt et comte
de Mortagne (le duc de France, comme on l'appelait
dans son pays), semble avoir reçu de Charles VI
le titre de grand-connétable de France et le duc
d'Autriche, Sigismond, obtient de Louis XI celui de
conseiller secret, « à l'instar des princes du sang. »
La fidélité de ces recrues n'allait point, il est vrai,
sans quelques sacrifices du trésor royal; mais les
Capétiens ne comptaient pas et savaient toujours
proportionner leur générosité aux besoins des qué-
mandeurs.

[1] Dans une brochure de J. Janssen (*Frankreichs Rheingelueste,*
1861 et 1883) que nous n'avons pas citée en tête de cet *Essai* parce
qu'elle traite superficiellement la période du moyen âge, l'auteur
s'élève avec une indignation déplacée contre cette politique traditionnelle des rois de France vis-à-vis de l'Empire. Un Janssen
aurait dû se rappeler la politique bien autrement abominable de
l'Allemagne vis-à-vis de l'Italie et comprendre au moins que les
intrigues françaises étaient cent fois moins coupables en soi que
les faciles complaisances des princes et prélats allemands toujours
prêts à favoriser, parfois même à provoquer les entreprises du roi
contre l'empereur.

Froissard raconte que Charles V mourant avait recommandé qu'on mariât son fils à une princesse allemande « pour que les Allemands eussent plus grandes alliances aux Français. » Le sage roi prévoyait sans doute de quels malheurs l'invasion anglaise menaçait encore son royaume. On sait comment son vœu fut exaucé et comment l'indigne Isabeau de Bavière devint reine de France pour le triomphe de nos ennemis. Le duc de Bourgogne, Philippe II, sut mieux que tout autre mettre à profit la recommandation du feu roi. Non content de faire épouser à son fils Jean la fille du duc Albert de Bavière, il donna sa propre fille Marguerite à un fils de ce même duc, héritier présomptif des comtés de Hainaut, de Hollande et de Zélande. Le calcul n'était point si mauvais puisque ces trois provinces arrivèrent à la maison de Bourgogne dès 1425. Une autre fille de Philippe II avait épousé en 1387 Léopold duc d'Autriche.

Ce n'est point Charles VI, « le pauvre fol de roi, » qui pouvait détourner la tempête en gagnant l'Allegne à sa cause. S'il réussit comme ses prédécesseurs à obtenir l'appui de quelques barons rhénans contre les Anglais, ce fut tout. Bien loin de rien tenter en sa faveur, Sigismond fut contre lui (c'était la tradition impériale depuis le XIIᵉ siècle), et se jeta résolument dans les rangs anglais en un temps où Henri V, maître des deux tiers du royaume, n'avait guère besoin de nouveaux alliés, 1416. Sigismond finit pourtant par se radoucir et c'est à lui que Monstrelet fait remonter l'honneur du mouvement d'opinion qui se produisit en faveur de Charles VII au sein du concile de Bâle et qui aboutit au congrès d'Arras, le premier service que les chefs du Saint Empire aient jamais rendu aux rois de France pendant tout le cours du moyen âge.

C'est qu'en réalité Sigismond avait senti que l'appui direct de Charles VII était nécessaire pour arriver à l'extinction du schisme ecclésiastique. Dans cette grande affaire de la chrétienté pendant le dernier moyen-âge, le roi de France et l'empereur s'étaient trouvés dès le commencement en opposition absolue, l'un soutenant le pape d'Avignon, l'autre celui de Rome. L'entrevue de Reims entre Wenceslas et Charles VI, 1398, n'avait en rien modifié l'attitude des deux obédiences. Sigismond se rencontra également, à deux reprises, avec le roi de France dans l'espoir de trouver avec lui la solution du conflit. Vains efforts ! Ce que les conciles de Pise et de Constance ne pouvaient obtenir avec toute leur autorité morale, l'empereur ne l'obtint pas davantage par voie diplomatique. L'opposition des intérêts ecclésiastiques persista jusqu'en 1448, et si Charles VII parvint à les réconcilier, on ne peut dire que ses négociations avec Albert II et Frédéric III y aient beaucoup contribué.

De même que Philippe de Valois avait été pour les ducs d'Autriche dans leur lutte contre Louis de Bavière, Charles VI fut pour Robert contre Wenceslas. Seul le duc d'Orléans, oncle du roi, espérant tirer de cette rivalité quelque profit personnel (la couronne impériale, insinuaient quelques-uns), le duc d'Orléans fit cause commune avec les opposants de Robert ; et pendant que Wenceslas et Sigismond combattaient à l'est l'autorité du nouveau roi des Romains, il formait à l'ouest une ligue des mécontents dans laquelle il entrainait le margrave de Bade, le comte de Salm, le duc de Milan, peut-être même le duc de Lorraine. La défection du margrave de Bade ruina les calculs de l'ambititeux duc et rendit à Robert toute son influence.

Les compétitions de ce genre, si fréquentes dans l'histoire d'Allemagne, étaient autant d'atouts dans le jeu du roi de France. Et pourtant, comme s'ils ne suffisaient point encore à décourager son partenaire, le roi cherchait des alliés contre lui jusque parmi les villes d'empire, dont l'importance politique s'épanouit justement dans la période qui s'étend du grand interrègne à la Réformation. Toutefois le succès fut mince, et Charles VII, par exemple, n'essuya guère de ce côté que des rebuffades, ces villes de bourgeoisie, industrieuses et riches, ne se laissant point aussi aisément séduire par l'appât des livres tournois. Il réussit mieux auprès des Cantons forestiers qui dans leur isolement sentaient le besoin de prendre appui quelque part contre de redoutés voisins. A la vérité, la protection de Charles VII et de Louis XI ne mit point la confédération à l'abri des entreprises du duc de Bourgogne. Elle eut du moins plus tard cet effet, de fortifier dans le pays le sentiment de l'indépendance nationale, à tel point que Maximilien I ne put ou n'osa enfermer les cantons dans l'un des dix cercles entre lesquels il partagea l'Empire. La république helvétique est à ses origines pupille des rois de France. Ainsi s'explique pourquoi ce membre du corps germanique n'est point retourné au tronc dont il s'était volontairement détaché.

N'est-ce point comme une autre manifestation de l'hostilité du roi contre l'empereur que l'inaction persévérante du premier vis-à-vis des Turcs? Le sultan a beau multiplier ses victoires, l'empereur ses appels et le pape ses objurgations, le roi de France reste sourd. Seuls quelques princes français, le duc de Bourgogne en tête, se préoccupent de secourir la chrétienté contre l'islamisme envahisseur et n'aboutissent d'ailleurs qu'à de stériles efforts. Cette politique d'abstention des rois de France au xvᵉ siècle prélude historiquement à l'alliance de François I avec Soliman au xviᵉ. Elle a même sa contre-partie positive, puisque dans les trois grands royaumes annexes de l'Empire, Bohême, Hongrie, Italie, également menacés par les Turcs, Charles VI, Charles VII et Louis XI se posent toujours plus ou moins ouvertement en rivaux de l'empereur. C'est ainsi qu'à la mort de Ladislas (1457), Charles VII s'avise de demander pour lui-même la succession du trône de Bohême. Frédéric III s'empressa naturellement de lui faire échec. Du reste la rivalité ne dura guère. Georges Podiebrad mit les compétiteurs d'accord en prenant pour lui-même la couronne.

La guerre de Cent ans, le schisme ecclésiastique, l'invasion des Turcs, touchaient aux intérêts généraux de l'Europe et eussent dû amener l'accord des deux peuples. Il n'en fut rien toutefois, nous venons de le voir. Après le congrès d'Arras, les relations politiques de la France et de l'Allemagne se poursuivirent dans un dessein tout nouveau. La puissance bourguignonne, comme nous le montrerons dans le chapitre suivant, était devenue un danger pour la maison de France. Charles VII chercha contre elle un appui dans l'Empire, jusqu'auprès du duc de Saxe, jusqu'auprès du roi de Bohême-Hongrie. On pourrait douter de la réalité de ce plan s'il n'était formellement exposé par quelques chroniqueurs contemporains. Il permet de juger de la crainte qu'inspirait au roi son cousin de Bourgogne. Louis XI n'agit point autrement, et ses premières négociations en Allemagne jusqu'à la bataille de Nancy eurent pour objet principal de susciter des ennemis à Charles le Téméraire. Frédéric III, quelque peu effrayé lui-même de l'ambition du duc de Bourgogne, se fit en cette occasion l'allié de Louis XI. C'est le second service dont les rois de France soient redevables aux empereurs. On sait ce qu'il advint du grand projet de Charles le Téméraire. Lui mort, Frédéric III et Louis XI reprirent vis-à-vis l'un de l'autre leur attitude traditionnelle. Mais la question de l'héritage de Bourgogne une fois vidée par le mariage de Marie avec Maximilien, on peut dire que les relations de Louis XI avec l'Empire sont sans portée. Sous Charles VIII seulement, le mariage du roi avec Anne de Bretagne promise à Maximilien, 1491, ressuscite l'inimitié des deux maisons d'autant plus vivement que le roi de France avait congédié la fille de Maximilien, Marguerite de Bourgogne, à laquelle il était fiancé. Pour comble d'irrévérence, Charles VIII allait commencer ses invasions dans cette péninsule italique que les Allemands considéraient depuis plus de cinq siècles comme une dépendance de l'Empire. Il méditait même, lui dont les prédécesseurs n'avaient jamais contribué à repousser les Turcs, de s'emparer pour son propre compte du trône de Byzance avec l'appui de Djem et d'ajouter ainsi la couronne de l'empire grec restauré à celle du royaume de Naples affermi. Autant de sujets de défiance pour la maison de Habsbourg; autant d'excitants aux vieilles rancunes du XIVe siècle. Maximilien, en lutte avec la maison de France depuis 1477, résolut de faire obstacle à cette subite expansion de sa puissance et prit contre elle l'offensive. Preuve en est ses préparatifs de guerre contre Charles VIII en 1495, son expédition de Bourgogne en 1498, son alliance avec la papauté et l'Espagne contre Louis XII en 1512, son invasion du Milanais en 1516 pour en chasser les troupes françaises. L'empereur d'Allemagne est dès lors partout et en toute occasion l'adversaire militant du roi de France. Nous pouvons donc conclure qu'avec le règne de Maximilien I commence véritablement la question allemande dans notre histoire.

II

La question des frontières

Les conflits que nous venons de rappeler sommairement témoignent assez bien déjà de la rivalité politique des deux peuples en cause; ils ne sont cependant que des incidents négligeables dans l'histoire générale du moyen-âge. Là n'est point le véritable intérêt du sujet qui nous occupe. Il est tout entier, ou peu s'en faut, dans ce que nous appellerons la question des frontières. Mais pour bien comprendre celle-ci, il ne faut point remonter moins haut qu'à César.

Dès le temps du conquérant romain, le Rhin ne servait déjà plus de frontière entre les deux races. Quelques tribus germaniques l'avaient franchi par le nord et préludé ainsi aux invasions qui devaient, quatre siècles plus tard, pénétrer en Gaule par cette même route. Les Belges étaient regardés par César comme un mélange de Celtes et de Germains. Les proportions de ce mélange étaient encore à l'avantage des premiers; elles furent bientôt complètement renversées au profit de la race germanique. Les Celtes, il est vrai, s'étendaient sur les deux rives du haut Rhin bien au-delà du fleuve, jusqu'en Bavière et en Bohême. Seul le Rhin moyen, encaissé entre deux chaines de collines souvent abruptes, séparait nettement encore le domaine des deux races. L'invasion des Burgondes et des Alamans supprima bientôt cette dernière limite. Aussi, quand les siéges épiscopaux de la vallée du Rhin furent restaurés par les Mérovingiens au VIIe siècle, il ne fut plus possible d'arrêter leurs ressorts aux rives du fleuve comme les Romains l'avaient tenté pour leurs provinces. Les diocèses empiétèrent sur l'une et l'autre rive et leurs circonscriptions fixes déterminèrent souvent, dans la suite, le lotissement des territoires attribués aux royaumes barbares, comme plus tard aussi les divisions administratives établies par Charlemagne.

Si les trois fils de Louis le Débonnaire se fussent contentés de dépecer le grand empire de Charlemagne en trois portions : Germanie, Gaule et Italie, pour en faire autant de royaumes distincts, ils n'auraient certainement pas relevé la barrière du Rhin : les délimitations eussent été ethnographiques plutôt que géographiques. Il fallut pour rendre au grand fleuve quelque peu de son importance primitive le singulier compromis de 843, en vertu duquel Lothaire I reçut avec l'Italie une longue bande de territoire qui s'étendait assez exactement du Rhône aux Alpes, de la Saône au Jura, de la Meuse au Rhin, avec des populations allemandes au nord, provençales au sud, françaises entre ces deux extrémités. Mais le Rhin était si peu une frontière que Worms, Spire et Mayence, situées sur la rive gauche, furent attribuées à Louis le Germanique.

Tout centre politique manquait au royaume de Lothaire I. Aussi perdit-il bientôt, la féodalité aidant, jusqu'à l'unité factice que le traité de Verdun lui avait imposée et il se démembra rapidement en trois ou quatre principautés. Dès 855 la partie septentrionale fut donnée à Lothaire II et de son nom s'appela la Lotharingie, tandis que la vallée du Rhône et de la Saône passait à Charles sous le nom de Provence. Quand Lothaire II mourut, 869, son royaume fut partagé par le traité de Mersen entre Charles le Chauve et Louis le Germanique. Cette nouvelle transaction, qui prenait en considération les limites existantes des diocèses de Bâle, Strasbourg, Metz et Liège, remettait en contact le royaume de France et celui de Germanie. Elle eut sans doute duré et dévié ainsi pour des siècles l'histoire de nos provinces frontières si elle eut été appliquée trente ans plus tôt. Conforme à la nature des choses, s'inspirant de considérations pratiques, elle fermait la porte à toutes les ambitions féodales en rattachant à leurs centres naturels les petits seigneurs de cette région franco-allemande. Mais le royaume de Lothaire II revint tout entier à l'Allemagne en 879, pour être constitué de nouveau en royaume distinct par Arnulph en faveur de Zwentibold. Quelques années plus tard cependant, Renier au long col, comte de ce pays, préféra à la suzeraineté du roi de Germanie celle de Charles le Simple, laquelle dura jusqu'au traité de Bonn, 922. Henri l'Oiseleur, Otton I, Otton II et Otton III reprirent alors l'avantage, malgré les efforts contraires de Lothaire de France. Le traité de 987 rendit même Verdun à l'Allemagne et stipula la renonciation complète du roi de France à l'hommage des barons féodaux de la Lotharingie. C'est ainsi que les Capétiens inauguraient leur royauté. Il y eut bien au xi° siècle une nouvelle tentative de Robert le Pieux et de Henri I pour reprendre ce que les derniers Carolingiens avaient laissé échapper, mais elle fut sans succès.

Le royaume de Provence tomba plus facilement encore aux mains des empereurs. Après la mort de Charles, fils de Lothaire I, 863, le comté de Lyon fut incorporé à la Lotharingie et la Provence propre au royaume d'Italie. Puis, tandis que, sous le nom de comté de Bourgogne, les pays de langue française entre Bâle et Lyon tendaient déjà à une existence distincte, la Provence redevint royaume indépendant avec Boson, 876. Un des successeurs de ce roi céda au bout d'un demi-siècle son fief à Rodolphe II, roi de la Bourgogne transjurane, et ainsi naquit le royaume des deux Bourgognes, 933.

Le fils de Rodolphe II, Conrad le Pacifique n'avait que neuf ans à la mort de son père. Otton le Grand, on ne sait à la suggestion de qui, se fit le tuteur intéréssé du jeune prince et, pour mieux assurer sa protection, obtint que Conrad fut amené à sa cour, 940. La suzeraineté allemande sur les pays d'Outre-Rhône est sortie de là.

Henri II le Saint continua de ce côté la politique d'Otton et conduisit deux expéditions en Provence. L'ambition du comte Eudes de Champagne, qui aspirait à la succession de ce royaume, décida Conrad II à prendre les devants. Déclaré héritier présomptif par un traité signé à Bâle en avril 1027, l'empereur se fit couronner roi de Provence quelques années plus tard. La France était ainsi ramenée pour des siècles aux limites du traité de Verdun, 1033.

Trop dégénérés pour faire respecter leur souveraineté, les derniers Carolingiens de France avaient assisté d'abord en spectateurs impuissants au morcellement féodal des parties excentriques de leur royaume. De ce morcellement résulta, comme nous venons de le voir, la rupture de l'équilibre établi par le traité de Verdun. Incapables de garder leur indépendance entre les deux grandes monarchies qui les enserraient, les divers royaumes qui se formèrent à la fin du ix⁰ siècle tombèrent bientôt par la loi du régime féodal sous la suzeraineté de celle des deux monarchies qui était la plus capable de retenir pour elle-même la domination, c'est-à-dire de l'Allemagne.

Par l'extrémité septentrionale de l'ancien royaume de Lothaire où l'on parlait allemand, les empereurs avaient donc désormais porte ouverte sur la Manche, c'est-à-dire sur l'Angleterre; par l'extrémite méridionale qui était de langue provençale, sur la Méditerranée et l'Italie; par tous les côtés à la fois sur le royaume capétien dont la langue était la langue même des populations vassales assises entre la Saône et le Jura. C'était la première branche de l'immense tenaille qui à la fin du xii⁰ siècle va enserrer la France, lorsque le Cœur de Lion aura mis sous sa domination les pays qui bordent la Manche et l'Atlantique et reçu l'hommage du royaume d'Aragon. Quel péril pour le royaume capétien !

Philippe-Auguste le vit bien. La gloire de ce roi

n'est pas seulement dans ce fait qu'il a constitué l'administration de l'ancienne France et donné à la culture nationale un nouvel essor en organisant l'Université de Paris. Elle consiste aussi, chose trop peu remarquée, en ce que, le premier de nos rois, il entreprit résolument de mettre son royaume hors de page et de reprendre à l'Empire tout ce qu'il avait acquis en pays français sur la Saône et la Meuse supérieure depuis le traité de Mersen. La première réaction des populations romanes des vallées du Rhône et de la Meuse contre la domination allemande date cependant du commencement du XIIe siècle, provoquée qu'elle fut par le concile de Vienne et comme encouragée par la tournure que prenait la lutte du pape contre l'empereur. Mais il faut attendre près d'un siècle et demi jusqu'en 1239 pour voir les principales villes de l'Arélat tenter avec quelque esprit de suite de secouer le joug de la domination. impériale.

Sous les successeurs immédiats de Philippe-Auguste, nous voyons déjà les baillis de Mâcon se mêler sournoisement aux querelles des bourgeois de Lyon avec leur archevêque, — et ceux de Chaumont et de Vitry tenter même ingérence du côté de Toul et de Verdun. En 1245 un traité avec le roi de Sicile donnait la Provence, c'est-à-dire une partie de l'Arélat au frère de saint Louis. Seule la Flandre wallonne restait encore hors des atteintes du roi de France, bien que le comté de Namur lui ait un instant appartenu.

Mais avec Philippe le Bel la question des frontières entre dans une phase nouvelle, celle du progrès continu de l'influence française dans la région de l'est et du sud-est, non plus seulement pour annexer au royaumedes provinces de langue française comme la Flandre et le Barois, ou de langue provençale comme la Provence, mais pour atteindre la frontière même du moyen Rhin. Entreprise singulièrement prématurée, puisque les lignes de la Moselle et de la Meuse n'étaient point encore définitivement emportées. Le conseiller de cette politique audacieuse fut vraisemblablement quelque docteur d'université familier avec la notion géographique de la Gaule romaine. En tout cas, Rodolphe de Habsbourg avait pour ainsi dire encouragé cette tendance en remettant à Philippe le Hardi la protection de l'évêché de Toul et de l'abbaye d'Orval au diocèse de Trèves, qu'il ne savait plus défendre. Le successeur de Philippe le Hardi n'était pas homme à se contenter de si peu. Tout en méditant d'arrêter dans le royaume d'Arles l'influence que Rodolphe essayait d'y reconquérir, il mettait la main sur Beaulieu, Montfaucon et leurs dépendances. Puis, en faisant épouser à son fils la fille du comte Otton de Bourgogne, il préparait l'annexion de ce grand fief à la couronne.

Mais la question des limites de l'Empire en Argonne, déjà posée par une enquête instituée en 1288, se représenta avec plus de force que jamais lorsque Adolphe de Nassau eut déclaré, dès les premiers jours de son règne, qu'il était décidé à reconquérir sur son voisin de l'ouest tout ce que celui-ci avait ravi à l'Empire. Mal lui en prit, comme nous l'avons vu ; car s'il réussit à liguer contre le roi de France les feudataires des bords du Rhône et de la Meuse, il n'obtint pas même cette rectification de frontière qu'un traité conclu en juillet 1297 avait cependant stipulée.

Albert d'Autriche se montra tout d'abord moins ambitieux sur ce point. Il préférait rester l'ami de Philippe le Bel dont l'appui lui était nécessaire contre Boniface. Bien loin de réclamer contre les empiétements du roi de France, il se déclara disposé, lors de l'entrevue de Quatre-Vaux en 1299, à lui laisser prendre par morceaux et à petit bruit une partie du territoire situé entre la haute Meuse et le Rhin, se réservant seulement de fortifier la suzeraineté allemande sur la vallée du Rhône que Philippe avait d'abord demandée. Par malheur, cette convention restée quelque temps secrète ne put être exécutée. Les deux souverains se brouillèrent bientôt par la faute de Philippe. Le roi des Romains se rapprocha de Boniface et fit servir l'autorité du pontife à proclamer la suzeraineté de l'Empire sur tout l'ancien royaume de Lothaire (mai 1303). La France allait-elle donc rentrer encore une fois dans les limites du traité de Verdun ?

La mort de Boniface VIII, survenue quelques mois plus tard, rendit heureusement vain cet acte d'hostilité et fit du roi de France pour un temps le véritable chef de la chrétienté. Les relations de Philippe le Bel avec Henri VII ne commencèrent toutefois qu'en 1310 aux conférences qui se tinrent à Paris pour traiter des affaires de Bourgogne depuis longtemps en suspens. Le roi réclama et obtint pour son fils la suzeraineté du Comté, dot de sa femme, sous réserve d'hommage à l'Empire. Encouragé par ce succès,

Philippe projeta bientôt sur tout l'ancien royaume d'Arles la même extension de son autorité. Mais force lui fut de renoncer à ce projet que le pape d'Avignon contrecarrait en demandant pour lui-même le territoire convoité, dans le dessein de constituer au profit du Ssaint Siège un nouveau domaine temporel.

Ce qu'il perdait de ce côté, le roi de France le compensa un peu plus haut par l'acquisition de la grande ville de Lyon qui, depuis plus d'un siècle déjà, était en fait dans la dépendance du royaume de France. Le traité de Vienne d'avril 1312, qui consomma cette conquête, est trop connu pour que nous nous y arrêtions. Il ne suscita de la part d'Henri de Luxembourg que de timides protestations, inspirées du reste par Clément V de moins en moins sympathique à son ancien protecteur. Des assauts persévérants tentés par Philippe sur la frontière de l'Empire, celui-ci fut réellement le seul qui aboutit. Pourtant le diocèse de Viviers, le comté de Bar et, en Flandre, Lille, Douai, Orchies lui restèrent également.

Philippe le Bel est, à tout prendre, celui de nos rois du moyen-âge qui a le plus travaillé à ressaisir sur l'Empire la frontière du Jura et des Alpes, au temps où l'avènement de la maison de Luxembourg prépare justement une restauration de la suzeraineté allemande sur les provinces d'Outre-Rhône. Quant à la Flandre et à la Lorraine, elles étaient trop voisines de l'Allemagne germanisante, trop intéressées surtout à maintenir le lien relaché qui unissait leurs comtes à l'Empire pour que la politique des premiers successeurs de Philippe-Auguste n'ait point rencontré de ce côté des difficultés particulières.. C'est en se faisant le protecteur de l'indépendance féodale des petits seigneurs de la Lorraine et du comté de Bourgogne que l'empereur réussit si bien, en 1298 et en 1338, à liguer ceux-ci contre le roi de France. Tous savaient que l'autorité d'un Philippe le Bel et d'un Philippe de Valois pesait lourd sur les vassaux indociles du royaume de France.

Les agrandissements territoriaux préoccupèrent assez peu Philippe de Valois. Après avoir vainement essayé en 1333 d'acheter tout le royaume de Lothaire I au duc Henri de Bavière, il ne songea plus à poursuivre que sur deux points, dans le Cambrésis et en Dauphiné, l'œuvre de ses prédécesseurs. Il ne réussit véritablement qu'en Dauphiné, puisque cette province fut rattachée au domaine royal, malgré la résistance de Charles de Moravie devenu empereur. Ce progrès parut un instant compromis par la faiblesse de Jean le Bon qui, pour obtenir l'appui de l'empereur contre les Anglais, consentit à une sorte de rétrocession des droits acquis par son père et ramena ainsi derrière le Rhône notre frontière du sud-est pour laquelle Philippe le Bel avait tant peiné. Toutefois sous Charles V, Charles de Moravie réfrèna son ambition. Ce qu'il entreprit sur l'Escaut fut sans portée. Sur le Rhône seulement, ce prince français par la langue et les mœurs, affermit son autorité en prenant pour lui-même la couronne du royaume d'Arles (1365) et en attribuant au comte de Savoie avec le titre de vicaire impérial pleins pouvoirs sur les deux versants des Alpes occidentales.

On n'a pas assez remarqué que cette restauration

de l'autorité impériale sur l'Arélat suit de quelques
années seulement la constitution de la république
helvétique. La maison de Luxembourg ne pouvait à
la vérité s'inquiéter beaucoup de cette ligue des « va-
chers alpestres » qui, formée en haine des Habsbourg,
continuait à reconnaître la suzeraineté de l'Empire.
Mais le comte de Savoie pouvait en juger autrement
au point de vue de ses intérêts particuliers. Il devait
se sentir plus isolé, maintenant que la ligue interposait
ses huit cantons entre les états de Savoie et ceux de
l'empereur, plus exposé par conséquent aux entreprises du roi de France. Nous en induisons qu'il fut
pour quelque chose dans la conduite de Charles IV.

Charles VI ne fit rien pour reculer la frontière de
l'est, malgré le demi succès de son expédition de
Gueldre. Son successeur se borna à mettre la main sur
Épinal et à menacer les trois évêchés. Charles VII eut
pu prétendre davantage au souvenir de l'hommage
que le comte de Wurtemberg, comme baillistre du
duché de Lorraine, avait rendu à Jean le Bon en 1353.
Pourtant l'expédition de Metz s'inspirait clairement du
traité de Quatre-Vaux et de la protection effective
exercée depuis lors sur Toul et Verdun par les rois de
France. Pour la seconde fois, par la bouche du Dauphin et plus explicitement qu'en 1299, le moyen Rhin
fut proclamé en principe la « frontière naturelle » du
royaume de France[1]. La campagne de 1444 est la

---

[1] Les historiens allemands, se fondant sur le manifeste du Dauphin
où cette expression se rencontre, considèrent Charles VII comme le
premier roi de France qui ait voulu atteindre la frontière du Rhin.
Mais Charles VII n'a fait que reprendre une idée de Philippe le Bel.

plus sérieuse tentative qui ait été faite au moyen-âge
pour étendre jusqu'au grand fleuve l'autorité des
Capétiens-Valois.

Louis XI lui aussi fut timide en cette matière. A
part la réunion de la Provence au domaine royal,
1481, l'acquisition du Barois et la reprise des villes
de la Somme sur le duc de Bourgogne sont les
seuls gains définitifs que nous puissions porter à
son actif. Il faut reconnaître d'ailleurs qu'à la fin
du moyen-âge la royauté française se heurtait sur
la frontière de l'est à des obstacles multiples. Si les
premières dynasties impériales, presque voisines du
royaume de France par leur domaines patrimoniaux
de Franconie ou de Souabe, dépensèrent souvent de
ce côté leur humeur batailleuse, ce fut toujours sans
danger pour nous, parce qu'elles ne fixèrent jamais
leur résidence dans aucune des villes du Rhin autrement que pour y jouir du repos des morts (Worms,
Spire, Aix-la-Chapelle). Au contraire les maisons
de Habsbourg et de Luxembourg arrivées plus tard
à l'empire, bien qu'elles aient fondé leur puissance
respective, l'une sur les marches orientales, l'autre
sur la Bohème, possédaient en Alsace et en Lorraine des fiefs considérables, que le roi de France
ne pouvait annexer avec le même sans-gêne que les
domaines de petits seigneurs. Aussi bien, il y avait
alors plus d'une grande dynastie princière posses-
sionnée sur la rive gauche du Rhin. Sans compter les
puissants archevêques de Mayence et de Cologne et
celui de Trèves, archichancelier de la Gaule belgique
et du royaume d'Arles depuis la bulle d'or de 1356;
sans compter non plus les évêques de Liège, Metz,

Toul et Verdun ni les ducs de Lorraine, qui tous
relevaient de l'Empire ou de l'empereur, on sait que
les landgraves de Hesse-Marbourg possédaient depuis 1479 le comté de Katzenellnbogen à cheval sur
le Rhin, que les deux lignes de la maison de Nassau
étaient territorialement puissantes l'une aux Pays-
bas, l'autre dans le comté de Luxembourg, que la
maison d'Autriche avait acheté le comté de Ferrette
en 1319, que la maison de Wurtemberg avait acquis
en 1397 le comté de Montbéliard, et que les Wittelsbach de Bavière détenaient comme partie intégrante
du palatinat nombre de seigneuries en deçà du fleuve.

Les obstacles étaient donc grands pour le roi
de France, plus grands peut-être que nous ne l'ima-
ginons puisque les Valois directs n'ont jamais eu de
vues tenaces sur la partie septentrionale de l'ancien
royaume de Lothaire I. Philippe le Bel avait du
moins réussi à placer sous sa suzeraineté la Flandre
française, la grande ville de Lyon et une partie du
diocèse de Viviers. Ses successeurs ne surent pas
même conserver le Luxembourg et ne gardèrent
définitivement que le Dauphiné et la Provence
beaucoup moins inféodées à l'Empire. Pourquoi tant
de timidité de la part de souverains ordinairement
amoureux de conquêtes? Etait-ce scrupules de conscience, préoccupation de progrès territoriaux plus
utiles, ignorance des dangers à encourir de ce côté?
C'était à vrai dire un peu tout cela à la fois. L'empereur était le suzerain reconnu de tout l'ancien
royaume de Lothaire I et son droit paraissait fondé
en principe autant qu'en fait. Et puis, aussi avancée
que fut l'œuvre de la reconstitution territoriale du

royaume de France, elle n'était cependant pas ache-
vée. Tantôt le grand feudataire de Bourgogne, tantôt
les princes apanagés tantôt les villes de bourgeoisie
opposaient une barrière ou du moins assignaient
une limite à l'autorité royale : il fallait aplanir ces
difficultés avant d'en aborder de nouvelles. Enfin
(et c'est là à notre sens la véritable excuse que peut
invoquer la royauté française du moyen-âge), rien
ne laissait encore prévoir de quel péril serait un jour
pour le pays et pour la royauté elle-même, cette vaste
échancrure de territoire qui derrière la Bourgogne,
la Champagne et la Picardie diminuait d'autant l'ancienne Gaule. Quoique plus d'une invasion allemande
eut déjà passé par là, les grandes guerres de nation
à nation n'avaient pas encore commencé. Pourquoi
dès lors se tant préoccuper de la frontière de l'est?

Ce que la royauté ne pouvait ou ne savait encore
accomplir, la maison ducale de Bourgogne l'entreprit
au XVe siècle pour son propre compte par ambition
politique. C'est elle qui soutient maintenant la lutte
pour la frontière du Rhin, avec une hardiesse qui ne
tend à rien moins qu'à grossir ses domaines de tout
le pays compris au-delà de la Meuse et de l'Escaut
et à mettre dans sa mouvance des villes telles que
Worms, Spire, Trèves, Mayence, Cologne, Aix-la-
Chapelle, Liège, Bruxelles et Utrecht. Les droits de
l'empereur n'étaient pas un obstacle invincible, car
en reconnaissant d'avance sa suzeraineté, les ducs
bourguignons espéraient se substituer aisément à
la plupart des dynastes de la rive gauche du Rhin.
Quant à l'unité territoriale de leur grand fief, ils la

poursuivaient et la réalisaient justement au fur et à mesure de leurs nouvelles acquisitions.

On sait comment ces Valois de Bourgogne gagnèrent par mariage la Flandre flamingente, 1384, à laquelle le roi de France avait ajouté par avance la Flandre wallonne; puis comment, coup sur coup, en moins de quinze années, 1428-1433, ils s'annexèrent le pays de Namur, le duché de Brabant, celui de Hainaut-Hollande, l'Artois, la Picardie et même le duché de Luxembourg, — et tout cela en un temps où le roi de France était réduit à tirer son propre royaume pièce par pièce des mains des Anglais. A la différence du xiie siècle où l'influence française avait cédé sur toutes les frontières sans exception, au xve siècle, grâce à Philippe le Bon, elle faisait brèche du côté où jusqu'ici elle avait le moins pénétré.

Mais Philippe le Bon n'avait qu'ébauché le futur royaume de Bourgogne. Charles le Téméraire (1467-77) voulut le parfaire et clore sa couronne en réunissant les deux tronçons de son vaste fief. Il acheta le Gueldre au duc Adolphe et se fit céder plusieurs places fortes par le duc de Lorraine en attendant l'occasion de prendre le duché tout entier. Chargé par l'archevêque de Cologne de défendre l'électorat, il agit en maître vis-à-vis de son protégé. Il n'y eut pas jusqu'au landgraviat de Haute-Alsace dont il n'ait obtenu de l'archiduc Sigismónd la suzeraineté pour une assez faible somme. Il pouvait aisément de là menacer les villes de la Suisse et du Rhin moyen. Ces agrandissements territoriaux furent la constante et opiniâtre préoccupation du règne de

Charles le Téméraire. Ils ne se réalisèrent point complètement, il est vrai; mais l'histoire n'en doit pas moins un hommage d'admiration au prince qui sut hausser jusque-là ses visées politiques.

Ils ne se réalisèrent point, d'abord parce que personne ne se trouva prêt pour continuer l'œuvre du Téméraire tombé à mi-chemin de son but, 1477 — et surtout parce que l'empereur Frédéric III, comme par une secrète intuition du danger qu'il y avait à constituer un nouveau royaume sur les flancs de l'Allemagne occidentale, refusa la vassalité que le duc de Bourgogne lui offrait en retour du titre royal. Frédéric ne pouvait ignorer que cette puissance bourguignone s'était agrandie en moins d'un siècle aux dépens de l'Empire plus que ne l'avait fait la maison de France pendant tout le moyen-âge. Que Louis XI pourtant saisisse l'héritage de la maison de Bourgogne, et l'œuvre commencée s'achèvera tôt ou tard au profit de la France elle-même. Mais Louis XI avec toute sa finesse ne réussit qu'à saisir quelques provinces françaises, et Marie de Bourgogne porta le reste à la maison d'Autriche. A ce moment décisif de la lutte pour la rive gauche du Rhin où, d'un seul coup de filet, tout pouvait être gagné, le roi de France ne put faire valoir d'autres droits que ceux de sa suzeraineté primitive sur quelques domaines de langue française. Maximilien lui opposa ceux de l'Empire sur les provinces de langue allemande, sur la Lorraine et le comté de Bourgogne et, en fait, la ligne frontière redevint, à peu de chose près, ce qu'elle était sous Charles VI. Seulement cette rive gauche du Rhin qui, jusque-là, ne relevait

que nominalement de l'Empire, devint partie intégrante des domaines propres de la maison d'Autriche
et l'une des plus fortes assises de sa puissance au
siècle dernier. La conduite de Marie de Bourgogne
en ces circonstances a pesé dans les destinées politiques de la France d'un poids plus lourd encore que
les traités de Verdun et de Bâle, et orienté pour ainsi
dire l'histoire diplomatique des trois derniers siècles.
Cette conduite s'explique du reste aisément. Déjà
fiancée à Maximilien, Marie de Bourgogne put croire
que son choix lui était dicté par avance. D'ailleurs
le prétendant que lui offrait Louis XI n'était pas
d'âge à faire figure auprès d'elle ni à lui donner
l'appui dont elle avait besoin contre ces entêtés
Flamands qui voulaient la marier à l'affreux duc de
Gueldre. Marie eut-elle le pressentiment que le roi
de France vaincu serait moins redoutable que Maximilien? Je ne sais. En tout cas, elle vit juste, et son
intérêt se trouva pour une fois d'accord avec le pen-
chant que son cœur de femme éprouvait, dit-on,
pour le jeune et beau Maximilien d'Autriche.

Louis XI en effet se tint coi, soit qu'il n'eut point
confiance en un recours aux armes, soit qu'il n'ait
point entrevu de quelle importance il était de garder
sous sa domination les Pays-bas bourguignons. Il
avait déjà peu auparavant laissé bénévolement Gênes
Epinal et Luxembourg retourner à l'Empire et s'était
attiré les remontrances du parlement de Paris par
mainte aliénation de ce genre. Charles VIII continua
cette politique de recul en rendant à l'empire l'Artois
et la Franche-Comté conquis sous son prédécesseur
et concédés à la France par le traité d'Arras (1482).

Cette rétrocession est, au point de vue politique, (le
seul que nous envisagions ici), plus grave mille fois
que celle que Louis IX avait consentie deux siècles
plus tôt lorsque, par esprit d'équité, il avait restitué
aux Anglais le Limousin, le Périgord et le Quercy.
Il y a bien réellement pendant le dernier tiers du xv^e
siècle, à la mesure du droit public de l'époque, une
défaillance de la royauté française dans l'œuvre traditionnelle de l'agrandissement territorial du pays.

III

Éléments moraux
de la rivalité franco-allemande

Le traité de Verdun et la notion recouvrée de la
Gaule romaine, l'œuvre territoriale des ducs de Bourgogne et le mariage de leur héritière avec Maximilien
d'Autriche, tels sont les quatre grands faits qui
dominent la question des frontières. Plus complexes
sont les éléments moraux de la rivalité franco-allemande telle qu'elle s'affirme dans les questions de
politique générale. Il faut néanmoins tenter de les
ressaisir.

Pendant que la France, après les luttes stériles
des derniers Carolingiens contre les comtes de Paris,
tombait à un degré de dislocation féodale qui ne
laissait aux premiers Capétiens que le titre de rois,
l'Allemagne non moins féodale voyait ce pouvoir
royal s'affermir insensiblement, au point d'être bientôt en état de ressaisir pour des siècles le sceptre
échappé des mains de Charles le Gros. En se faisant
couronner empereur d'Occident en 962, Otton le
Grand s'assurait sur ses voisins de l'ouest, à lui-
même et à ses successeurs, même aux plus faibles,
même aux plus destitués de pouvoir effectif, une

force et, pour tout dire, une supériorité politique qui fut d'ailleurs toute la supériorité de l'Allemagne sur la France durant le moyen-âge. Le roi de Germanie devenait en effet le chef hiérarchique des princes et des rois de la chrétienté, la tête de la féodalité, cette autre moitié du monde dont parle le poëte, l'héritier de Charlemagne, plus encore l'héritier de César et César lui-même ! Aucun titre ne pouvait être trop pompeux pour désigner le fief d'un tel suzerain : c'est alors que les protocoles de la chancellerie inaugurèrent celui de Saint Empire romain de la nation germanique.

On sait ce que furent quelques-uns de ces chefs de l'Allemagne naissante. Auprès d'Otton le Grand ou de Henri III, nos premiers Capétiens, sans en excepter Louis VII, faisaient assez pauvre mine dans leur petit fief de l'Ile de France, où les grands vassaux les tenaient comme emprisonnés, sans plus se soucier de l'autorité souveraine que symbolisait la couronne de roi. Ces grands vassaux eux-mêmes ne ressemblaient que d'assez loin, au point de vue politique, à ces puissants ducs de Saxe et de Bavière qui, faisant l'empereur, participaient en quelque sorte de sa majesté, guerroyaient pour leur propre compte contre les populations slaves ou hongroises des marches de l'Est et agrandissaient l'Empire de tout ce dont ils agrandissaient leurs propres domaines. De ce côté-ci du Rhin, la maison de Bourgogne n'avait point encore pris son essor ; les ducs d'Aquitaine et les comtes de Toulouse, ne pouvant plus guère songer aux accroissements territoriaux, se faisaient troubadours et galants. Quant aux ducs normands iis dépensaient à l'extérieur leur prodigieuse activité, sans grand profit pour la grandeur du royaume.

La conscience des droits virtuellement attachés au titre suprême de la hiérarchie féodale engendrait fatalement pour les détenteurs de ce titre l'orgueil de vouloir imposer à toute la chrétienté le respect au moins extérieur de ces droits. Le globe reçu des mains de Charlemagne pouvait-il en effet ne symboliser que cette portion du territoire européen qui s'étend du Rhin à l'Oder ? La chlamyde impériale devait-elle ne recouvrir sous ses amples plis que les peuples de langue allemande ? A cet orgueil démesuré qui se rencontre plusieurs fois dans l'histoire de l'Europe, les rois de France, à partir de Philippe-Auguste, opposèrent l'orgueil plus légitime et, à coup sûr, plus respectable de vouloir être seuls maîtres dans leur royaume. Si l'échelle des dignités féodales montait en Allemagne jusqu'au titre d'empereur, elle s'arrêtait en France au simple titre de roi sans que nul sentit le besoin d'y ajouter un échelon. Eudes avait sans doute pensé autrement lorsqu'il se présenta à la diète de Worms en 888 ; mais il est bien certain que sa faiblesse de roi, autant au moins que le souvenir encore vivant du grand empereur, l'avait poussé à rendre cet hommage à son voisin de Germanie. Or, depuis trois siècles les ducs de l'Ile de France avaient quelque peu grandi en puissance et en autorité. A la fin du XIIe siècle il n'y avait plus à attendre d'eux pareille condescendance. Une fois née, leur fierté ne fit que croître. Quand l'empereur Charles IV vint à Paris en 1378, le roi de France (c'était alors Charles V) lui fit tenir un cheval noir pendant que lui-même montait un cheval blanc ; et tandis que l'empereur ôtait son aumusse et son chaperon, il se contenta de se découvrir la tête pour bien prouver à tout le monde que le roi de France était seul maître dans son royaume. Pourtant, sur les dix-huit entrevues que nous comptons entre rois de France et empereurs d'Allemagne au moyen-âge, douze eurent lieu sur territoire d'empire, une à Milan, 1191, une sur les frontières de Bourgogne, 1275, deux à Reims et deux seulement à Paris.

Cet orgueil du titre suprême dont nous parlions tout à l'heure, quelques-uns des Staufen, Conrad III par exemple, le fortifiaient d'une valeur personnelle qui laissait loin derrière elle la valeur d'un Robert le Pieux ou d'un Philippe I. Le troubadour Guillaume Figueira a chanté Frédéric II dans un sirvente anthousiaste et Michelet ne peut contenir son admiration devant ces premiers chefs de l'Europe féodale, « ces magnanimes empereurs de la maison de Souabe, cette race de poëtes et de parfaits chevaliers. » Or, ce n'est point une petite avance pour le pouvoir monarchique que d'être aux mains de princes assez pénétrés du sérieux de leur tâche pour vouloir se hausser par un continuel effort au rôle magnifique qui leur est proposé sur la scène du monde. A cet égard, il n'est point exagéré de dire qu'au XIe et au XIIe siècle, nos rois sommeillaient sur leur trône sans même rêver de la grandeur future de leur maison, pendant que les Allemands inauguraient au delà des Alpes et du Rhin, aussi bien qu'à l'intérieur du pays, la politique séculaire de leur race. Pour trouver à cette époque et plus particulièrement au xiᵉ siècle la revanche politique de la France, il faut considérer le rôle des archevêques de Reims et des abbés du Cluny personnellement mêlés à toutes les grandes questions qui se débattaient alors dans la chrétienté.

Quand les Capétiens s'éveillèrent avec Philippe II, il n'était que temps. L'équilibre laborieusement établi par le traité de Verdun avait toujours été fort instable. Depuis le xᵉ siècle l'aiguille des deux plateaux, le royaume de Lothaire I, penchait tantôt vers la France avec les ducs lorrains, tantôt vers l'Allemagne avec les seigneurs de la Bourgogne cisjurane. Le traité de 1027 avait arrêté son affolement au profit de Conrad, au détriment des Capétiens : le plateau allemand devenait décidément plus lourd.

Philippe-Auguste n'eut peut-être pas une conception des choses aussi nette, aussi savante que celle qui nous est permise aujourd'hui. Il eut certainement, par une sorte de grâce d'état, l'intuition des dangers dont les prétentions germaniques menaçaient l'avenir du royaume de France. Il sut voir que l'existence de ce royaume ne pouvait être assurée que par l'indépendance de toutes ses parties, et, à la théorie de l'Empire suzerain de l'Europe, il opposa la théorie des nationalités autonomes. Si le principe ne fut point formulé de la sorte, du moins fut-il appliqué : c'est là pour nous l'essentiel.

Mais, comme la sagesse n'habite nulle part en ce monde, pas même dans le cerveau des rois, une ambition mauvaise détermina bientôt, dès la seconde moitié du xiiiᵉ siècle, une direction nouvelle dans la politique des Capétiens vis-à-vis de l'Empire. De la défensive ils passèrent à l'offensive, non point sur le terrain militaire, — car, les gens de guerre français et allemands ne se rencontrèrent jamais au moyen-âge que comme alliés d'un tiers, — mais sur le terrain diplomatique où les rois de France surent presque toujours conserver l'avantage. Prompts à profiter de l'anarchie qui suivit la mort du dernier des Staufen, ils reprirent pour leur propre compte cette prétention à la monarchie universelle qui hantait l'esprit des souverains allemands, et ils travaillèrent à la réaliser en demandant pour eux-mêmes la couronne impériale. Cette ambition bien connue de François I a eu ses antécédents. Robert le Saint, Philippe-Auguste et Robert d'Artois avaient dédaigné cette couronne lorsqu'on la leur avait offerte. Le fils de Saint Louis et après lui Philippe le Bel, Charles le Bel, peut-être même Philippe VI et Charles VII voulurent l'obtenir soit pour eux-mêmes, soit pour leurs proches parents. Mais l'ambition échoua constamment malgré le génie politique de quelques-uns de ceux qui en furent possédés, malgré les intrigues savamment ourdies au sein du collège électoral par les diplomates de race au service de Philippe le Bel. Le soin même que plusieurs rois, Philippe VI, par exemple, prirent d'entretenir l'anarchie dans l'Empire pour la faire tourner à leur profit, ne servit de rien, non pas même la séduction si puissante des livres tournois qui, à tant de reprises, mit les princes et les prélats des bords du Rhin à la dévotion du roi de France [1]. Ceux-ci

___

[1] La *Limburger Chronik* rapporte que Charles VII se fit accompagner de monnayeurs dans son expédition de Gueldre.

consentaient bien à recevoir pension du roi de France et à servir de loin en loin ses intérêts; mais les ingrats oublièrent trop souvent de témoigner à leur bienfaiteur la reconnaissance qu'il attendait d'eux en certaines circonstances.

Ces visées nouvelles des rois de France s'expliquent à vrai dire par une considération politique qui n'est pas sans valeur : le succès eût coupé dans sa racine le mal qu'ils redoutaient. Mais il y avait quelque chose de plus dans cette ambition, la tentation éblouissante de mettre la maison de France hors de pair en lui faisant attribuer le sceptre de l'Occident. Fils aîné de l'Eglise et chef suprême de la chrétienté féodale, quelle séduction d'éclat et de majesté pour un ambitieux comme Philippe le Bel qui rêvait même de la couronne de Constantinople, ou pour Charles VII qu'humiliait tant l'insolente puissance de la maison de Bourgogne! Mais aussi, à en bien juger, quel vertige pour des cerveaux faibles comme Louis le Hutin, Charles VI ou Charles VIII ! Quel retard dans la marche de notre histoire si l'activité de nos rois qui sut si bien s'employer, sauf à quelques époques de défaillance, à l'œuvre de l'unité politique et territoriale de la patrie, se fut dépensée au loin à refouler sur les frontières de l'Empire le flot battant des Mongols et des Turcs ou des Slaves de la Baltique !

Au dessous des souverains, des grands seigneurs féodaux et des prélats que nous voyons plus particulièrement mêlés aux relations politiques des deux pays dans un conflit d'ambitions opposées, nous devons quelque attention aux petits barons des deux rives du Rhin, à leurs vassaux et arrière-vassaux, à leurs hommes d'armes enfin, dont les passions reflètent les passions de leurs chefs avec plus de crudité : grands pillards, ces soudards allemands, habitués qu'ils étaient aux profits des expéditions d'outre-monts. Aux yeux de nos populations frontières, leur réputation est faite dès le XIII⁰ siècle. Tout Allemand est un homme « moult convoiteus. » Et en fait, les subsides du roi de France ne furent jamais dédaignés de l'Allemagne féodale [1]. C'est aussi, s'il faut en croire les Lorrains du XI⁰ siècle, un caractère essentiellement querelleur. Le chroniqueur Eudes de Deuil se fait l'écho de cette accusation à propos de la première croisade. Les croisés lorrains, nous raconte-t-il, laissèrent l'empereur prendre les devants et attendirent le roi de France, « parce qu'ils ne pouvaient supporter les Allemands qui se rendaient insupportables à tout le monde par leur caractère brutal et querelleur. » « Li plus ireux sont en Allemaingne », dit un proverbe français du XIII⁰ siècle. « Auturious coumo un Allemand », disaient aussi les Languedociens [2].

On ne pensait plus autrement au temps de Froissard. Le chroniqueur nous rapporte que Robert II d'Artois conseillant à Edouard d'Angleterre d'appeler les Allemands à son aide contre le roi de France, lui raisonnait ainsi : « Il n'est rien en ce monde que li Alemant désirent si que d'avoir aucune cause et title de guerryer le royaume de France pour le grand

---

[1] *Serratos amant bigatosque* nous dit Tacite des Germains de son temps.

[2] Ce jugement date peut-être du temps de la croisade albigeoise à laquelle un grand nombre de chevaliers allemands prirent part.

orgueil qui i est à abatre et pour partir à la ricoise...
Monsigneur, je le vous ai bien tous jours dit : vous
trouverez plus d'amis et de bon confort delà la mer
que vous ne cuidiés, car onques Alemant ne peurent
amer les Francais ».

Convoiteux et querelleur, tel apparaît l'Allemand à
nos ancêtres du moyen-âge. La scandaleuse avidité
et les mœurs brutales des barons allemands venus en
foule à la suite d'Isabeau de Bavière n'étaient point
faites pour réformer le jugement populaire. — Ivro-
gne aussi, comme le constate un distique latin de
cette époque :

> *Si latet in vino verum, ut proverbia dicunt,*
> *Invenit verum Teuto vel inveniet.*

La seule qualité qu'on lui reconnaisse, c'est sa
haute stature : « Li plus bel homes sont en Alemai-
gne », croyaient nos pères au xiiie siècle. Les contemporains de saint Louis n'étaient cependant pas
des pygmées.

Les traits de ce genre ne sont pas rares dans les
chroniqueurs du moyen-âge. Ils traduisent exactement l'idée que l'on se faisait alors des Allemands.
Cette idée ne diffère point tant d'ailleurs de celle que
nous en avons aujourd'hui. Notons toutefois que la
France était bien en ce temps-là le vrai « pays de
sapience » et qu'on se fut fourvoyé à chercher au
delà du Rhin les clercs « savans et souffisans ».
L'ignorance allemande est profonde et générale au
temps des empereurs franconiens, si nous en croyons
le chroniqueur Wipon. Dès le xiie siècle, l'expression
Stultitia Saxonum est passée en proverbe. Lorsque,
aux conférences de 1378 entre le roi de France et

Charles de Moravie, on voulut rédiger le protocole des conventions arrêtées, on s'aperçut avec surprise que les conseillers de l'empereur ne savaient même pas le latin. Il fallut pour se faire entendre recourir à quelques étudiants allemands de l'Université de Paris. Aussi, comme le Français se gaudit déjà volontiers de son voisin! La geste d'Aimeri de Narbonne (xiiie siècle) met en scène quelque part une troupe d'Allemands aux prises avec les envoyés du comte de Narbonne et nous fait d'eux un portrait ridicule :

> *Chescuns avoit une gonnele lée*
> *Et une juppe de gros agniaux forrée.*

> . . . .

> *Tel i ot ygue (jument) a queue recopée*
> *Ou haut cheval a la teste levée.*

Au siècle suivant, Renart s'adressant au roi d'Angleterre parodie un jongleur allemand qui veut parler français :

> *Sire, ge fot un bon juglere,*
> *Et savoir moi moult bon chanson*
> *Que ge fot pris a Besançon,*

C'est seulement à la fin du xive siècle que l'Allemagne acquiert chez nous quelque considération grâce aux ménestrels qu'elle nous envoie et aux instruments de musique qu'elle nous fournit.

Cette avance de notre pays dans le domaine intellectuel datait d'ailleurs de loin : Gerbert avait précédé Albert le Grand comme Abailard Frédéric II. L'Allemand Jordanus reconnaissait implicitement cette supériorité lorsque, dans un traité composé vers la fin du xiiie siècle, il attribuait le sacerdoce à l'Italie, l'empire à l'Allemagne et l'université, c'est-à dire les lettres et les sciences à la France. Les meistersingers l'avouaient aussi parfois en déclarant qu'ils avaient emprunté aux Welches leurs chants de guerre et d'amour. S'ils ne disaient pas dans quelle mesure, la postérité le sait bien. Elle sait aussi que l'Université de Paris compta jusqu'à la fin du moyen-âge une *nation* allemande qui eût été fort empêchée de trouver chez elle, avant la fondation de l'Université de Prague, le pain de l'intelligence qu'on lui servait si libéralement chez nous :

> *Filii nobilum, cum sunt majores,*
> *Mittuntur in Franciam fieri doctores.*

Aussi, en retour, que de jalousie contre le Welche ! En 1250 les Gibelins de Florence célèbrent par des fêtes les revers des croisés français en Egypte. Au début de la guerre de Cent ans, l'hostilité allemande se manifeste d'une autre manière dans une scène trop peu connue qui traduit avec éclat les sentiments qu'on nourrit contre nous au delà du Rhin. Irrité à bon droit des perfidies de Philippe de Valois, Louis de Bavière se décide à resserrer son alliance avec Édouard par une entrevue publique. Elle eut lieu à Coblentz en septembre 1338, avec une imposante solemnité. Sur la principale place de la ville, deux siéges élevés avaient été préparés pour l'empereur d'Allemagne et le roi d'Angleterre. Quatre ducs, trois archevêques, six évêques, trente sept comtes et une foule de chevaliers se pressaient autour des deux trônes, tandis que le peuple remplissait de son tumulte les rues avoisinantes. A un moment donné, l'empereur se lève sur l'estrade et, revêtu de la pourpre impériale, couronne en tête, sceptre en main, il énumère à haute voix tous les torts dont le roi de France s'était rendu coupable à son égard. Puis présentant à Edouard III un diplôme scellé du grand scel, il déclare qu'il le nomme vicaire général de l'Empire dans les provinces néerlandaises. Les applaudissements de la foule durent suivre cette pompeuse déclaration qui n'allait à rien moins qu'à jeter sur le royaume de France toutes les bandes allemandes accourues autour d'Edouard.

Comme on le voit, c'est une très vieille haine que celle du Germain pour le Welche. Elle remonte même bien au delà du coup de théâtre que nous venons de rappeler. Les contemporains de. Suger la connaissaient déjà [1]. En fait on la trouve documentée dès le milieu du xiie siècle dans le *Ludus de Antichristo*, où elle sert à échauffer le patriotisme des spectateurs allemands contre ces prélats et barons du royaume de France coupables d'avoir pris parti pour le Sacerdoce contre l'Empire.

Mais les Français du moyen-âge n'étaient point non plus, on peut le croire, exempts de tout reproche. Belliqueux, inconstants et légers, nous dit le Saxon Witikind des Lorrains du xe siècle. Et un vieux dicton allemand renchérit encore sur ce jugement: « La constance des Français et la sobriété des Allemands, tout cela ne vaut pas plus qu'une fève. » Les chroniqueurs allemands n'ajoutent guère à ce premier portrait, mais ils le reproduisent volontiers à

---

[1] Voyez la *Vie de Louis le Gros* par Suger et, dans les *Chroniques de France*, le récit de l'expédition tentée par Henri V contre Reims en 1124.

tóute occasion. Un moine de Bamberg, de la fin du xii° siècle, parlant de la pieuse et douce Agnès de Poitiers, femme de l'empereur Henri III, la déclare suspecte comme son sexe, *comme sa patrie* et comme sa mère.

Nos ancêtres semblent du reste s'être fait un malin plaisir d'aigrir l'humeur allemande par leurs railleries et leurs dédains. Les lourds Teutons venus à la croisade de 1147 se trouvaient toujours à l'arrière-garde et tombaient par milliers sous les flèches des Turcs dans les inextricables défilés des montagnes de Phrygie. Les Français, leurs compagnons de route, ne savaient que rire de leur embarras et de leurs terreurs. « Pousse, pousse, Allemand! » criaient-ils impitoyablement. Et l'Allemand regardait avec défiance ces Français agiles et moqueurs qui s'entendaient si bien avec les Grecs pour rire et pour plaisanter. Deux siècles écoulés, le roi de France lui-même renouvelait la moquerie : « Trop allemand, » répondait Philippe le Bel à un message d'Adolphe de Nassau portant déclaration de guerre. Et la réponse provoquait sans nul doute les applaudissements de l'entourage du roi.

La caractéristique française fut singulièrement influencée en Allemagne au milieu du xv° siècle par un épisode militaire bien connu : l'invasion de l'Alsace et de la Suisse par les Ecorcheurs. Ces soudards sans loi, dont Charles VII voulait purger son royaume, s'abandonnèrent à tous les excès dans le pays où on les avait appelés et firent peser sur lui pendant de longs mois la plus abominable des tyrannies. La haine que méritait si bien cette canaille, les victimes l'étendirent, par une injustice habituelle aux sentiments populaires, à la nation toute entière, et de cette première tribulation (non de l'incendie du Palatinat) datent véritablement quelques-uns des griefs dont la rancune allemande s'est soigneusement transmise le dépôt de génération en génération.

Toutefois les défauts et les torts de notre race, multipliés autant que l'on voudra, ne suffisent point à expliquer les colères qui bouillonnent déjà contre nous dans l'Allemagne du dernier moyen-âge. La source en est plus large : elle s'alimentait d'un fonds de jalousie persistante que provoquaient notre influence littéraire et artistique depuis le XIIᵉ siècle, notre rôle prépondérant dans l'histoire de l'Europe depuis Philippe IV, la prospérité relative du royaume au XIIIᵉ siècle et ce titre de fils aîné de l'Eglise que portait Louis XI à la barbe des chefs du saint Empire romain. Elle découlait sûrement aussi de l'amertume qu'excitaient les prétentions de la plupart des rois de France à la couronne impériale, leurs continuels empiètements sur la frontière de l'est, les conquêtes de la maison d'Anjou en Italie, les déloyautés de Philippe le Bel à l'égard d'Albert d'Autriche, de Philippe de Valois à l'égard de Louis de Bavière, et par-dessus toutes choses le transfert à Avignon du siège pontifical. Il faut cette longue histoire présente à l'esprit si l'on veut atteindre les racines d'une rivalité que les gens mal informés considèrent comme un fait moderne et transitoire [1]. Il faut s'en souvenir

____

[1] C'est ainsi que Sugenheim, par exemple, dès les premières lignes de son livre *Frankreichs Einfluss auf und Bezichungen zu*

encore si l'on veut comprendre pourquoi, au déclin du xvᵉ siècle le bouillant Maximilien s'inspirant du sentiment populaire se résolut, sans provocation directe, à prendre position en toutes circonstances contre le roi de France — et pourquoi, quelques années plus tard, François I, sans s'émouvoir autrement de la puissance de Charles-Quint, accepta au grand soleil du monde une lutte que ses prédécesseurs poursuivaient dans l'ombre depuis plus de trois siècles.

Deutschland, 1517 - 1789, affirme que l'influence persistante de la France sur l'Allemagne commence seulement avec François I et que ce prince est le premier des rois de France qui ait convoité la couronne impériale !

Résumé

Ce trop rapide exposé des origines de la question
allemande peut être considéré comme l'histoire
abrégée des relations politiques de la France avec
l'Allemagne pendant le moyen-âge. S'il nous plaît
maintenant de déterminer les phases principales de
ces premières relations, nous le pouvons en toute
sûreté à la lumière des faits que nous venons de
constater.

Ces phases sont au nombre de quatre :

La première s'étend du traité de Verdun à l'avé-
nement de Louis le Gros. La France est encore dans
la dépendance de l'Allemagne et subit trop souvent sa
loi. Les Carolingiens une fois disparus, elle accepte
sans plus protester les conséquences du second traité
de Verdun (987) et de celui de Bâle (1027). Seuls les
Anglo-Normands réussissent à troubler la sécurité
des premiers Capétiens.

La seconde commence avec Louis lé Gros et em-
brasse un siècle et demi. L'opposition des intérêts
politiques des deux pays se manifeste déjà clairement
et ne cesse un instant que grâce à la modération de
saint Louis. C'est alors que grandissent et se déve-

loppent insensiblement les germes de rivalité qui vont éclore brusquement durant le dernier quart du XIIIe siècle.

La troisième phase en effet est celle de l'hostilité déclarée et de la rivalité persistante. Elle dure jusqu'à l'avènement de Charles V et même un peu au-delà. Charles d'Anjou, Philippe le Bel, Philippe de Valois d'une part, Rodolphe de Habsbourg, Adolphe de Nassau, Albert d'Autriche, Louis de Bavière d'autre part, se portent indirectement des coups redoutables et ne cessent de se disputer la frontière. Charles de Moravie réussit même à affermir sur sa tête la couronne du royaume d'Arles, 1365. Il semble que les deux nations vont entrer en lutte et avancer d'un siècle l'ère des guerres européennes.

Il n'en est rien toutefois grâce à la sagesse de Charles V et à la modération de son contemporain Charles de Moravie. Avec eux commence la quatrième phase des relations que nous étudions. Elle dure jusqu'à l'avènement de Maximilien, 1493. Les Capétiens - Valois cherchent à se réconcilier avec l'Empire, obtiennent sa neutralité à peu près complète vis-à-vis des Anglais, son désintéressement à peu près absolu dans la question des frontières, son appui direct contre les ducs de Bourgogne. C'est la maison de Bourgogne, en effet, qui soutient maintenant la rivalité, au moins pendant un demi-siècle. Mais la mort de Charles le Téméraire rétablit bientôt les anciens rôles. Son héritage disputé met de nouveau en opposition les intérêts des deux maisons régnantes. Il devient manifeste qu'elles seront bientôt aux prises pour résoudre par la force des armes la double question pendante depuis le XIIIe siècle : A qui le royaume de Lothaire I ? A qui l'hégémonie politique de l'Europe ?

François I, Henri II, Richelieu, Mazarin, Louis XIV ont été pendant les temps modernes les continuateurs heureux, parfois impitoyables, de la tradition fondée par Philippe le Bel. Ils ont appliqué en grand les mêmes moyens pour parvenir aux mêmes fins, et le succès a couronné leurs efforts. Pourtant Napoléon seul a réalisé le dessein d'une France dont les limites correspondissent à celles de la Gaule romaine. Il l'a réalisé avec la brutalité que l'on sait et en dépassant tellement le but qu'un immense recul s'est produit après lui [1].

Qui oserait dire que cette longue oppression politique de l'Allemagne féodale par la France monarchique a été tout profit pour la civilisation européenne ? En tout cas, elle a enfanté deux sentiments inhumains : la haine du Welche, d'un côté ; le mépris du Teuton, de l'autre. — Mais l'oppression est du passé ; la paix peut être l'avenir, à la condition seulement de supprimer la pomme d'éternelle discorde en reprenant sur nouveaux frais l'œuvre du Témé-

---

[1] Le rôle politique et moral de la France en Allemagne pendant la période moderne a provoqué chez nos voisins, depuis Napoléon I, diverses études d'ensemble et quelques monographies plus restreintes (Ruchs, Hurter, Sugenheim, Ennen, etc). Malgré leur valeur très inégale et des défauts parfois choquants, ces travaux méritent d'être pris en considération par quiconque s'occupe de la question allemande.

raire. Un Etat cisrhénan avec les prérogatives de
droit international dont jouissent actuellement la
Belgique et la Hollande, n'est-ce point la solution que
préconise, au déclin du XIX° siècle, toute l'histoire
que nous venons de raconter?

TABLE DES MATIÈRES